t44v

Babette-Scarlett

Anne Steinwart
Karlotta läßt sich nichts gefallen

Bilder von Wolfgang Slawski

Verlag Friedrich Oetinger · Hamburg

Didaktische Beratung der Reihe LATERNE, LATERNE:
Professor Dr. Wilhelm Topsch

© Verlag Friedrich Oetinger, Hamburg 1996
Alle Rechte vorbehalten
Titelbild und farbige Illustrationen von Wolfgang Slawski
Einbandgestaltung: Manfred Limmroth
Satz: Lichtsatz Wandsbek, Hamburg
Lithos: Die Litho, Hamburg
Druck und Bindung: Druckerei zu Altenburg
Printed in Germany 1996

ISBN 3-7891-1116-3

Karlotta hockt auf der Terrasse.
Ganz allein und ganz still.
Karlotta sitzt auf der Lauer!

Gespannt beobachtet sie
ihren Bruder Olek
und seine Freunde.
Sie planen
irgend etwas Aufregendes.
Vorhin haben sie
jede Menge Stöcke und Zweige
in den Garten geschleppt.
Von den Wiesen am kleinen Fluß.

Die Kopfweiden
wurden heute rasiert.
„Gestutzt",
hat Olek gesagt.
Karlotta sagt:
„Rasiert!"

Nun prüfen
Olek, Arne, Holger und Kris
alle Weidenstöcke.
Die längsten stellen sie
aufrecht an den Apfelbaum.
Bruno legt mit kleinen Steinen
einen Kreis auf den Rasen.
Was haben die Jungen vor?

Karlotta macht Adleraugen
und denkt scharf nach.
Auf einmal weiß sie Bescheid:
Indianer wollen sie spielen ...
Aus den Weidenstöcken
wollen sie eine Hütte bauen!

In Karlottas Bauch
fängt es an zu kribbeln.
Sie holt einmal tief Luft
und setzt sich in Bewegung.

„Was willst du?"
fragt Olek unfreundlich.
„Mitmachen",
sagt Karlotta
und reckt ihr Kinn in die Luft.
„Verzieh dich",
knurrt Olek
und fuchtelt mit einem Zweig
vor ihrer Nase herum.

„Das ist nichts
für Zwergenkinder.
Spiel mit dem Hamster!"
Arne, Holger, Kris und Bruno
lachen.

Karlotta beißt sich
auf die Unterlippe.
Sie hat gar keinen Hamster,
und Olek hat auch keinen.
Er sagt solchen Blödsinn immer,
wenn er mit Karlotta
nichts zu tun haben will.
Er ist gemein!
Karlotta spuckt ihm
schnell vor die Füße
und marschiert ins Haus.

Ihre Augen blitzen.
ZWERGENKIND!
Olek ist ein Mistbruder.
Ein gemeiner Mistbruder!
Am liebsten würde Karlotta
mit ihm kämpfen.

Leider ist er stärker als sie.
Wenigstens von außen.
Karlotta ist sechs Jahre alt,
Olek ist acht.

Zornig rast Karlotta
die Treppe hinauf
und wetzt zu der Kommode
im Flur.
Sie reißt alle Schubladen auf.
Wo sind die Federn?
Die Möwenfedern
vom letzten Urlaub
an der Nordsee …
Karlotta braucht sie sofort!

In der untersten Schublade findet sie die Taucherbrillen, den kaputten Wasserball, zwei Paar Strandschuhe, einen Karton mit Muscheln und tatsächlich und endlich eine Handvoll Möwenfedern.

Die schönste und längste Feder
schiebt Karlotta
sich ins Haar.
Jetzt geht es ihr besser.
Jetzt sieht sie aus
wie ein Indianermädchen.

Indianermädchen lassen
sich nichts gefallen!
Und:
Indianermädchen sind schlau!

Karlotta überlegt ganz ruhig,
was sie tun kann.
Dann hat sie eine Idee.
Eine supergute!

Sie nimmt den Schlüssel
aus Oleks Zimmertür
und steckt ihn
von innen nach außen.
Anschließend öffnet sie
Oleks Fenster und schreit
in den Garten hinunter:
„Olek, wo ist das neue Album?
Ich will deine Briefmarken
sortieren!"

„Neiiiiin!"
brüllt Olek.
„Bloß nicht!"
Seine Briefmarken
sind sein größter Schatz.
Die darf Karlotta
niemals berühren.
Niemals!
Das hat er ihr
bestimmt schon tausendmal
gesagt.

Wie ein Wilder
jagt Olek ins Haus.
Und genau damit
hat Karlotta gerechnet.
Sie reißt seine Zimmertür
sperrangelweit auf
und versteckt sich dahinter.

Olek stürzt in sein Zimmer.
Karlotta schlägt
die Tür hinter ihm zu und
dreht den Schlüssel herum.
Sie zieht den Schlüssel ab
und steckt ihn
in ihre Hosentasche.

„Spinnst du?"
schreit Olek.
„Mach sofort wieder auf!"
Er rüttelt an der Klinke.
Er flucht und schimpft
und macht
einen Riesenlärm.
Karlotta grinst.
Gut,
daß Mama und Papa
nicht da sind.

„He, bist du taub?"
schreit Olek nun.
Er hört sich stinkwütend an.
Mit beiden Händen
trommelt er gegen die Tür.
Das ganze Haus bebt.

„Wenn ich mitspielen darf,
mache ich auf",
sagt Karlotta so laut,
wie sie kann.
„Wenn nicht,
haue ich mit dem Schlüssel ab
und komme erst
heute abend wieder."

Olek hört auf zu trommeln.
Aber er sagt keinen Ton.
Es wird ganz still
hinter der Tür.

Karlotta hat Zeit.
Sie nimmt die weiße Feder
aus ihrem Haar
und kratzt sich ausgiebig
in der rechten Kniekehle.
Dort juckt es.

„Du hast gewonnen",
schnaubt Olek nach einer Weile.
„Du kannst mitmachen."
„Großes Indianer-Ehrenwort?"
fragt Karlotta.

„Jaaa",
sagt Olek
etwas freundlicher.
„Großes Indianer-Ehrenwort!"

Jetzt ist Karlotta beruhigt.
Dieses Ehrenwort hält er immer!
„Also gut",
sagt sie.
„Frieden!"

Dann holt sie den Schlüssel
aus ihrer Hosentasche
und steckt ihn
ins Türschloß.
Bevor sie ihn herumdreht,
klemmt sie die weiße Feder
ganz fest hinters Ohr.